、強いチームをつ

JN121360

キーワードは

# 「心理的
# 安全性」

青島 未佳 著

中央労働災害防止協会

## はじめに

　心理的安全性という言葉の意味をご存じでしょうか。「心理的安全性」とは、不確実性や不透明性が高い今の時代において、チームや組織づくりの重要なキーワードであり、基盤となる概念です。

　先行きが不透明な時代においては、一部のトップ層が方針を決定し、一方的に指示を出すようなマネジメントは通用しません。現場からトップまで知恵を出し合って総力戦で組織を支えていくことが必要となります。

　また、安全文化の醸成においても同様です。われわれ人間には、認知誤差※1やバイアス※2があり、一人の力でミスやエラーをゼロにすることは難しいのです。

　個人の意識・行動だけでなく、チームとしてお互いが助け合い、時には指摘し合えることは、日ごろから潜むミス・エラー、不正・不祥事から組織を守り、組織の安全性・健全性を確保する肝となります。

　そのための土台となる考え方が、今回紹介する「心理的安全性」です。

※1　物事を認知するときにおこる一人ひとりの記憶や判断の誤差（人によって同じものを見ても、見方や判断が異なること）
※2　直感やこれまでの経験からくる先入観で物事を判断してしまうこと

## もくじ

# 1 「心理的安全性」とは

## 心理的安全性とはなにか?

　心理的安全性とは、サイコロジカル・セーフティ(psychological safety)の日本語訳であり、**チーム
の中で、対人リスクを恐れずに思っていることを気兼ねなく発言できる、話し合える状態**を示します。

　簡単に言うと、会議やミーティングの場面で上司や同僚の目を気にせず「**言いたいこと・言うべきこと
を率直に言える状態**」であり、自分がチームにとってネガティブな発言や他のメンバーとは異なる意見を
言っても、他のメンバーが悪く思ったり、疎ましく思ったりしない、上司からの評価が下がらないと感じて
いるということです。

　この概念は、ハーバード・ビジネススクールのエイミー・C・エドモンドソンが発表した論文(1999年)
を基に、ニューヨークタイムズ(2016年1月)の記事にて、Googleが2012年から約4年半をかけて社
内で行った実験「プロジェクト・アリストテレス」において、「チームの生産性・パフォーマンスを高める最
大の要因は心理的安全性である」という結果が公表されて一躍有名になりました。

## 心理的安全性を阻害する対人不安

　対人リスクとは、率直に意見を述べることだけでなく、質問をする、間違いを指摘する、自分の間違い
を認める、新しいアイデアを提案するなどがあげられます。

　こういった発言は、簡単なようで難しいのです。なぜかというと、人は社会的な動物であり、他人からど
う思われるのか? が自然と気になってしまうことがあるからです。これを**評価懸念**といいますが、「心理的
安全性」の第一人者であるエドモンドソンは、この評価懸念をより具体的に4つの**対人不安**として提示し
ています。

| 対人不安 | 概 要 | 心理的安全性がない場合の行動 |
|---|---|---|
| 無知＝<br>こんなことも知らないのか?<br>と思われる不安 | ✓ 質問したり情報を求めたりする<br>　ことで周りから無知だと思われ<br>　るリスク | ✓ 質問や相談ができない<br>✓ わからないことを聞かない<br>✓ 知ったかぶりをしてしまう |
| 無能＝<br>こんなこともできないのか?<br>と思われる不安 | ✓ 間違いを認めたり支援を求めた<br>　りすることで、技術や能力がない<br>　と思われるリスク | ✓ できないことをできないと言えない<br>✓ ミスを報告せず隠してしまう<br>✓ 不正をしたり、嘘をついてしまう |
| ネガティブ＝<br>気難しく一緒に仕事をしづらい人<br>だと思われる不安 | ✓ 現在や過去の活動を批判的な<br>　目で見ることでネガティブだと<br>　思われるリスク | ✓ 他人のミスやエラーを指摘しない<br>✓ 同僚や上司の不正や不備を見逃す<br>✓ より良くするための改善提案をしない |
| 邪魔する人＝<br>空気を読まない人だと<br>思われる不安 | ✓ 自分の発言が議論を長引かせたり、<br>　仕事を増やすことで、邪魔、押し<br>　つけがましいと思われるリスク | ✓ 自分のアイデアを披露しない<br>✓ 決まったことに異論を唱えない<br>✓ できるだけ婉曲的に伝える |

## ■ 心理的安全性と安全基地

　この「心理的安全性」という概念は近年非常に注目されていますが、同じような概念もこれまで存在しています。

　例えば、メアリー・エインスワースの「安全基地」の概念です。子供は、「母（主たる養育者）という安心できる場所」＝「安全基地」があるからこそ外の世界に興味を持ち、新しいことにチャレンジする勇気や意思が芽生えます。子供にとって、外の世界を探索し、新しい人・ものと出会うことは不安もあるし、大きなエネルギーが必要ですが、不安に思ったとき、何らかの危機を感じたときに助けてもらえるという安心感を持ち、愛情を注いでもらえ、エネルギーを補給できる「安全基地」の場があるからこそ、子供は外の世界に目を向けることができ、次第に自立していきます。

　このように、組織・チームにとっての心理的安全性は、子供にとっての「親＝安全基地」のようなものであり、子供は「安全基地」があるからこそ、挑戦・成長できるように、組織・チームの中に「心理的に安全な場」があるからこそ、不確実な課題に挑戦できるのです。

---

### 安全基地とは

　安全基地とは、心理学者であるメアリー・エインスワースが1982年に提唱した概念で、ジョン・ボウルビィの愛着理論から生まれた。子供は親との信頼関係によって育まれる「心の安全基地」＝「安心できる場所」「帰ってこられる場所」があるからこそ、外の世界を探索でき、つらい体験や危険も乗り越え、いろいろなことに挑戦できるようになるという考え方。

---

## 心理的安全性の誤解

心理的安全性が有名になるにつれて、さまざまな誤解も生まれています。

最も大きな誤解は、心理的安全性が高いチーム＝アットホーム・ぬるま湯というイメージです。

心理的安全性がある職場とは、決して「仲良し職場」やアットホームな職場ではありません。心理的安全性が高いチームとは、「上司を含むメンバーがチームの目的や目標の達成に向けて、あるときは熱い議論を交わしながら、お互いの知恵や意見を率直に出し合い、より良い結果を導ける」組織であり、どちらかといえば「優しい組織」よりも「厳しい組織」といえます。

エドモンドソンは、心理的安全性とは学習する組織を作るものであると、2軸を用いて説明をしています。心理的安全性が高い職場とは、決して責任を負わず、基準を下げることではありません。高い基準を担保しながらも、心理的安全性を高めていくことで、学習する組織・チームを作っていくことが重要なのです。

# 2 心理的安全性の重要性と効果

## ◆ 心理的安全性があるとどんな良いことがあるのか?

では、心理的安全性が職場に根付いているとどんな良いことがあるのでしょうか?
エドモンドソンは、心理的安全性があることで、以下の7つの効果があるといっています。

❶率直に話すことが奨励される　　❺イノベーションが促進される
❷考えが明晰になる　　　　　　　❻目標を追求する上での障害が取り除かれる
❸意義ある対立が後押しされる　　❼責任感が向上する
❹失敗が緩和される

　一方で、チームの中で心理的安全性がないと、できないことをできないと言えない、間違いを伝えられない、自身のアイデアを披露できない、ということですが、このような行動が当たり前になってくると、組織の生産性を下げるだけでなく、不正や不祥事につながってしまいます。

　例えば、実際に起こった例としては、大学病院で起きた患者取り違え事件です。これは肺手術と心臓手術の患者を取り違えて手術を行ってしまった事件ですが、この原因の一つは、看護師が他の看護師に無知(そんなことも知らないのか)だと思われたくないために、患者の確認を怠ってしまったことです。

　また別の企業では、リーダーが普段と違う手順で作業を行った結果、落下物に挟まれて死亡してしまった事故があります。こちらも部下が目上のリーダーがやることだから大丈夫だろうと思い、指摘ができなかったことが一つの原因となっています。

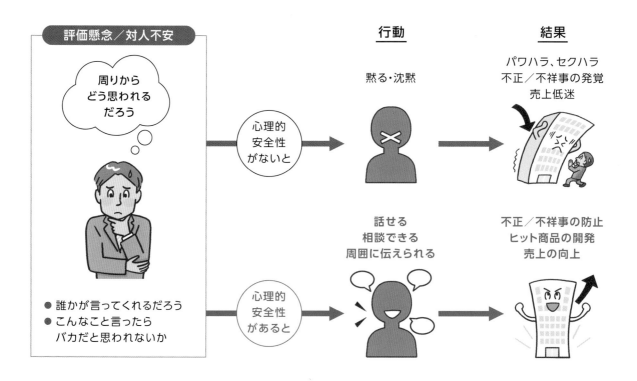

6

## 🔲 心理的安全性の効果

　前述の事例のような、ミスやエラーの防止だけでなく、心理的安全性はさまざまな側面で、組織にプラスの効果をもたらします。

　エドモンドソンは、チームの心理的安全性があることはチーム学習を促進し、チームのパフォーマンスを高めることを再三指摘していますが、それ以外の研究でも、組織や個人の双方に良い影響を与えていることがわかっています。

### 【組織の視点】

　組織やチームの視点では、心理的安全性が高まることによって、ミスやエラーが少なくなるだけでなく、生産性や売上の向上が実現できます。

　また、心理的安全性があることにより、ハラスメント（セクハラ、パワハラなど）を抑制する効果も見て取れます。

### 【個人の視点】

　個人の視点では、エンゲージメント（仕事へのやりがい）が向上したり、ダイバーシティ&インクルージョン（多様性の受容）を感じやすく、エクイティ（公平性）の文化形成に有益に働くことも明らかになっています。

| | 心理的安全性があると | 心理的安全性がないと |
|---|---|---|
| 失敗からの学習 | ● 失敗を許容し、社員の新たなチャレンジを促進できる<br>● 失敗から学ぶことができる | ● 失敗を恐れて、受け身的になる<br>● 与えられたことだけやればいい、という思考に陥る |
| 意思決定 | ● 正しい情報で意思決定ができ、経営力が上がる<br>● 迅速な意思決定ができ、マーケットが伸びる | ● 限定的な情報で間違った意思決定を行ってしまう<br>● 意思決定が遅くなり、マーケットを失う |
| リスク低減 | ● 企業の不祥事や不正を未然に防げる<br>● 医療の現場などでの大事故、ミスを防止できる | ● 不祥事や不正を隠そうとする<br>● 指摘できず、大きな医療過誤やミスが発生する |
| 共創 | ● 社内外のコラボレーションの促進により、新たなサービス・価値を発案できる | ● お互いに意見を言えず、社内外の知恵を活用できない<br>　結果として良いサービス・価値も作れない |
| エンゲージメント | ● やりがいや組織に対する貢献が高まる<br>● 仕事に対して集中し、没頭できる | ● 仕事に対するやりがい、主体性を失う<br>● 仕事以外の余計なタスクに心を奪われる |
| D&I<br>(ダイバーシティ&インクルージョン) | ● 組織の中で尊重され、受け入れられると感じられる<br>● 組織の中で、自分らしさを表現できる | ● 組織の中で疎外感を感じ、受け入れられていないと感じる<br>● 組織の中で、自分らしさを表現できない |

# 3 心理的安全性とダイバーシティ

　ダイバーシティ、エクイティ&インクルージョン（Diversity, Equity & Inclusion:DEI）は近年企業の中で大変重要なテーマとなっています。

　そもそもダイバーシティ（多様性）とは何でしょうか。これには、年齢・性別・国籍といった見える部分だけでなく、価値観や考え方といった見えない部分の観点も含まれます。

　では、多様性が増せば、チームのパフォーマンスは高まるのでしょうか？

　多様性が高いチームでは、メンバーが持つ情報やアイデア、視点が多岐にわたるので、創造性やパフォーマンスが高くなることは想像に難くありません。しかしながら、多様性が高いチームは、同質性の高いチームと比べ、メンバー間の規範の不一致や仕事の仕方、考え方の行き違いによって、マイナスの影響が生じることが多いのも事実です。

　実際に職場における対人関係上の葛藤を分析した別の研究（Nishii, 2013）においては、ジェンダーの多様性は、チームの関係性コンフリクト（relational conflict:パーソナリティや価値観など行為者の内的特徴におけるズレに由来するもの）を高め、グループの満足度を下げるという事実を明らかにしています。しかし、多様性が高くとも、**インクルージョン風土**※があるチームにおいては、関係性コンフリクトを低め、満足度を上げることができることも分かっています。要するに、ジェンダーの多様性が高くとも、チームにインクルージョン風土があれば、そのマイナス効果を抑制し、プラスに変えていけるということなのです。

　そして、この多様性の負の側面を抑制するインクルージョン風土と心理的安全性は密接に関係しており、チームのインクルージョン風土を高めるためには心理的安全性が一つの重要な要素となるのです。

※インクルージョン風土とは、そのチームに受け入れられており、自身のスキル・強味が発揮・評価できていると感じられる風土

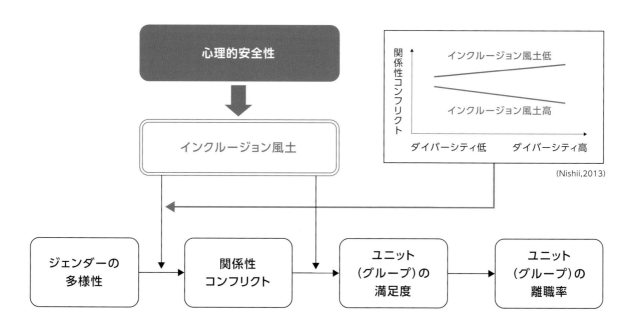

(Nishii,2013)

# 心理的安全性を高める取り組みのポイント

では、どのようにして心理的安全性を高めていけばよいでしょうか?

心理的安全性の構築は、裏を返せば組織の中の対人不安をいかに減らしていくのかがカギを握ります。

そのためのポイントとして、

❶透明性　❷尊重　❸主体性　❹公平性——を埋め込んだ組織づくりが肝であると考えます。

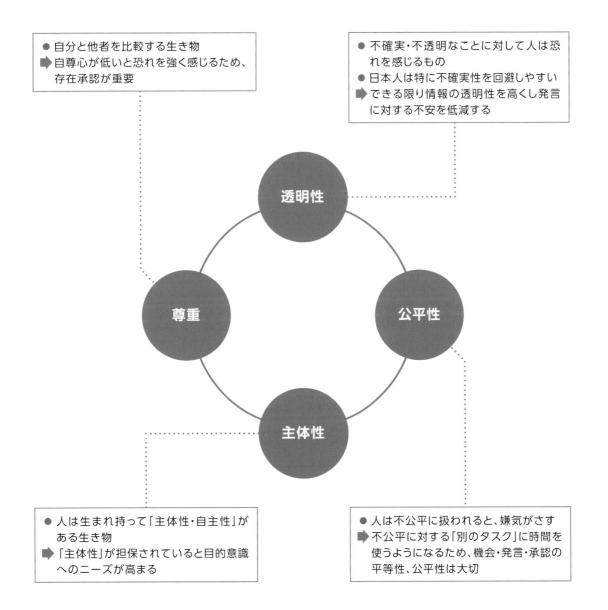

● 自分と他者を比較する生き物
➡ 自尊心が低いと恐れを強く感じるため、存在承認が重要

● 不確実・不透明なことに対して人は恐れを感じるもの
● 日本人は特に不確実性を回避しやすい
➡ できる限り情報の透明性を高くし発言に対する不安を低減する

透明性

尊重

公平性

主体性

● 人は生まれ持って「主体性・自主性」がある生き物
➡ 「主体性」が担保されていると目的意識へのニーズが高まる

● 人は不公平に扱われると、嫌気がさす
➡ 不公平に対する「別のタスク」に時間を使うようになるため、機会・発言・承認の平等性、公平性は大切

## ❶透明性

　人は先行きや情報の透明性が高いと恐れが少なくなります。仕事においても、組織や他のメンバーの忙しさや仕事の状況、会話内容などを理解していれば、自分の立ち位置も把握でき、発言するリスクも少ないと感じることができます。また、近年のリモートワークの中では、情報の透明性が低くなりがちであり、「さぼっていると思われていないか?」といった不要な心配事が多くなってしまいます。そうならないためにも、できる限り**チーム全員が同じ情報をもっておくこと**、が望ましいのです。

## ❷尊重

　尊重という言葉の定義は、その対象(人)を「価値あるもの、尊いものとして大切に扱うこと」です。

　われわれは、普段から自然と相手に対して「好き・嫌い」「仕事ができる人・できない人」など、感情論や評価視点で人を二極化して判断しがちですが、ここでの尊重とは、そのような視点から一歩引いて(仕事ができようが、できまいが、自分と違う考えをもっていようが)、**相手の存在自体を認めること**を意味します。一言でいうと、存在承認です。

　この存在承認があれば、個人は、所属する組織やチームで自分の居場所があると感じることができ、発言に対する主体性が高まります。

## ❸主体性

　人は生まれながら主体性を持った生き物です。人により大小はありますが「自分で決めたい・やりたい」という気持ちは必ず存在しています。主体性が担保されていないとその仕事は単なる「人から指示された仕事・受け身の仕事」となり、言うべきことも言わなくなります。

　一方で、**主体性が担保される**とチームの目的を意識するようになり、その目的達成のために声をあげようという流れができます。

## ❹公平性

　人は自然に自分と他人を比較してしまう生き物であり、組織の中で不公平に扱われると、脳科学的にも嫌気がさす回路が働くといわれています。そのため、組織の中で、尊重されておらず、公平に扱われていないと感じると、本能的に自分の存在価値を過度にアピールしたり他人をむやみに陥れるような「別のタスク」を行ったり、仕事の手を抜くなどの行動をとってしまったりするのです。

　恐れずに率直な発言を促進するためには、**発言機会や承認の平等性・公平性**は大切です。

　職場での公平性・平等性があれば、普段感じている課題や確証がない意見でも発言する心理的・物理的なハードルは低くなります。

## 4つが担保されているかチェックしてみよう！

**透明性**
- ☐ リーダーは、職位によって情報格差が発生しないように努めているか？
- ☐ リーダーは、チーム内の情報の透明性を担保する仕組みづくりやルール徹底を行っているか？

**尊　重**
- ☐ リーダーは社員に積極的に声かけを行っているか？
- ☐ リーダーから社員にあいさつをしているか？
- ☐ リーダーは、メンバーが望ましい行動をしたときや目標達成をしたときは、必ず感謝したりほめたりしているか？

**主体性**
- ☐ リーダーは、メンバーに対して仕事の意義や重要性を伝えているか？
- ☐ リーダーは、自分で仕事を抱えすぎず、部下に対して適切に権限委譲をしているか？

**公平性**
- ☐ リーダーは、社員に対して日頃から好き嫌いなく公平に接しているか？
- ☐ リーダーは、会議などでメンバー全員が平等に発言する機会を与えているか？
- ☐ リーダーは、会議などで話しにくそうな社員に対して、発言しやすいような配慮や声かけをしているか？

---

**Column**

# 平等と公平の違い

　心理的安全性の構築には、公平性、いわゆる人の状況・個性を踏まえた支援・協力行動や関わり方が大切です。そもそも人は能力・知識も含めて多様であり、地位や専門性などの権威勾配（権威者に服従してしまう）が高いほど、発言しにくくなります。例えば、会議の場で上司がメンバーから多様な意見を引き出したいのであれば、新参者や若手にあえて意見を求める、発言を推奨するという配慮は公平性を保つためにも必要です。実際には「公平」であるべきか、「平等」であるべきかという議論は尽きませんが、適切なときに平等であり、適切なときに公平であることが大切です。

平等とは、能力や特性（もしくは個人の努力など）によらず、偏りなく等しく扱うこと。

公平とは、能力や特性（もしくは個人の努力など）を考慮し、結果として同じような利益が得られるように扱うこと。

# 5 心理的安全性を高めるリーダーシップ

　心理的安全性は、リーダーのリーダーシップが大きく影響します。

　なぜならば、リーダーとメンバーの間の地位や実績などの権威による格差（権威勾配という）が高ければ高いほど、発言はしづらくなるからです。

　リーダーの発言、一挙手一投足が、実際に職場の空気や雰囲気、部下の発言行動に影響を与えてしまい、心理的安全性が確保できなくなっている例はたくさんあります。一方で、リーダーが（自身では気がついていないが）、声かけ、あいさつ、聴く行動など、ほんの少し行動を変えるだけで、部下は安心感を感じます。

　このリーダーとメンバーの格差を小さくするためには、リーダーが権威をかさに着ることなく、リーダーを単なる役割と認識して、メンバーと接することが大切です。

　筆者がこれまでの調査結果をもとにまとめた心理的安全性を高める12のリーダーシップ行動は以下の通りです。

| 心理的安全性を作るための<br>リーダーシップ行動 | 概　要 |
|---|---|
| ❶部下を見る・人として受け入れる | 部下のことを評価せずにありのままの人間として見る |
| ❷オープンさ／いつでも話せる | いつでも相談・コンタクトが可能であると思われている存在でいる |
| ❸失敗を認める | 自分の弱さや失敗を認める勇気を持つ |
| ❹冷静でいる | プレッシャーを受けたときでも、冷静でいられる |
| ❺聴く | 部下が話したいことに耳を傾け、積極的に聴く |
| ❻質問する | 思考のフレームや視点を変えられる質問をする |
| ❼ビジョンを描くファシリテーション | ビジョンをみんなで作るための対話を推進するファシリテーションを行う |
| ❽共感できるストーリーを語る | 自分の言葉で共感できるストーリーを語る |
| ❾役割を再定義する | 部下の強みの発掘と役割の再定義を行い見える化する |
| ❿部下に任せる | 部下の主体性を引き出すための権限委譲をし見守る |
| ⓫境界線を示す | 何がよくて何が悪いのかを明確に定義をする |
| ⓬フィードバックする | 信頼関係を基本としてよい点も改善点も率直に伝える |

心理的安全性と似た考え方として、愛着理論から派生した「安全基地＝セキュアベース」の概念を紹介しましたが（4頁参照）、この考えに基づく「セキュアベース・リーダーシップ」という概念があります（参考：ジョージ・コーリーザー、スーザン・ゴールズワージー、ダンカン・クーム著、東方雅美訳『セキュアベース・リーダーシップ—〈思いやり〉と〈挑戦〉で限界を超えさせる』プレジデント社、2018年）。

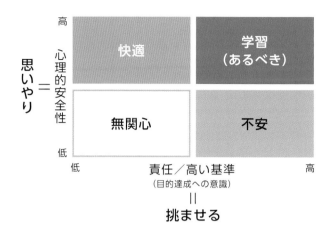

セキュアベース・リーダーシップとは、「安全基地」の概念のリーダーシップ版であり、「守られているという感覚と安心感を与え、思いやりを示すと同時に、ものごとに挑み、冒険し、リスクを取り、挑戦を求める意欲とエネルギーの源となる」リーダーシップです。

この概念には、「安心＝思いやり」と「挑戦＝挑ませる」という二つの要素が含まれています。思いやりだけでは、甘やかし・ぬるま湯になってしまうし、挑ませるだけだと不安に駆られて前に進めません。子育ても同様であり、甘やかしの中で、安全の場にいるだけでは人は成長しません。この両輪があるからこそ、われわれ人間はより良く成長できるのです。

これらの12のリーダーシップ行動をセキュアベースの概念を用いて大別すると、「安心」と「挑戦」の二つの軸で分類することができます。

❶～❻が主に「安心＝思いやり」の行動であり、❼～⓬は「挑戦＝挑ませる」の行動です。

セキュアベース・リーダーシップにおいては、「思いやり」では人との、「挑ませる」では目標との絆の形成により、人が安心して挑戦できるようになると説いています。

リーダーはメンバーが人と目標の絆を形成できるように、「安心」「挑戦」の二つにまつわるリーダーシップ行動を上手に使いながら、人と組織の成長を支援していくことが必要です。

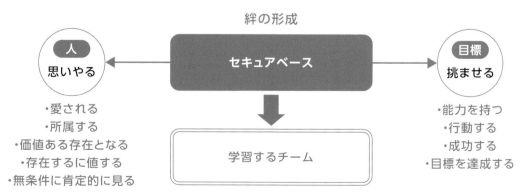

ジョージ・コーリーザー他著『セキュアベース・リーダーシップ』をもとに加筆。

# 6 メンバーのフォロワーシップ

　心理的安全性の構築には、リーダーのリーダーシップが大きく影響しますが、メンバーのフォロワーシップも重要です。なぜならば、心理的安全性を阻害する対人不安は、お互いがお互いに対してどう感じ、どう接するのかという人間同士、いわゆるリーダーとメンバーの相互作用によって構築されていくからです。

　「心理的に安全な職場はリーダーがつくるべきであり、メンバーはつくってもらう」という規範が出来上がってしまうことは大きな問題です。

　メンバー自身も、リーダーの良きフォロワーになること、リーダーのセキュアベースになろうという行動をしてみましょう！ その行動によって、自分の心の中に自然と安心感や安らぎを作り出すことができます。

················· **良きフォロワーとなるために大切なポイント** ·················

## 1 発言することは、自身の役割・責任だと認識する

　発言することは組織の中でメンバー自身の責任であると、改めて、メンバー一人ひとりが捉えることが大切です。心理的安全性がないから、発言したくてもできないと訴えるメンバーもいるかもしれません。しかし、前述したとおり、心理的安全性とは人間同士の相互作用によって生まれる組織の風土・規範であり、それはリーダーだけの行動でつくられるものではありません。心理的安全性がある職場づくりは、リーダーだけでなく、リーダーも含めたチーム全員でつくっていくものであり、一人ひとりの責任だとメンバー自身が捉えることが第一歩です。

## 2 リーダーも完璧ではないと認識し、リーダーのセキュアベースとなる

　心理的安全性が高い状態とは、リーダーもメンバーも気兼ねなく発言できる状態です。そして、組織のリーダーも一人の人間であり、完璧ではありません。そのような中で、メンバーがリーダーに「リーダーは答えを持っているべきである」「間違いはないはずだ」と期待すればするほど、リーダーはその期待に応えようとして、完璧であろうとします。しかしながら、心理的安全性をつくるために求められるリーダー行動とは、リーダーが弱みを見せ、リーダーも間違うことを積極的に示すことです。その行動を促進するためにも、メンバーはリーダーのことを完璧ではなく、強みも弱みもある一人の人間として尊重し、メンバー自身が積極的にリーダーのセキュアベースになろうとすることが大切です。

## 3 目的を持つ・意識する

　組織の中で達成したい目的・目標を持つことは、リーダーだけでなくフォロワーの行動促進に非常に重要です。他者の意見に異論を唱えたり、ミスやエラーを報告するときには、多かれ少なかれ対人リスクを感じることは当然です。しかしながら、目的を達成しようとする動機があれば、上司や組織に対して言いづらいことを伝えたり、指摘する原動力となり、発言行動（Voicing）を促進できます。その発言が受け入れられれば、発言のリスクを感じることが少なくなり、好循環サイクルが回っていきます。

## 自分から働きかけ、自分の居やすい場所を作る

　筆者の小四の娘は、幼少期から吃音があります。「あおい」という名前にもかかわらず、あ行が言いにくく、不安や緊張が高まると「あ、あ、あ」となり、言いたいことがうまく伝えられません。しかし、先生や周囲のサポートのもと、自らが吃音の啓発活動を行うことで、友達にからかわれない環境づくりを行っています。

　吃音はいわゆるマイノリティであり、そのことを伝えることは勇気が必要ですが、自分から変えようとしないと変わらない、そして変える勇気をもって取り組むと理解をしてくれる人が増えてくることも事実です。勇気をもって発言していく行動は、自ら心理的安全性をつくる第一歩でもあると考えられます。

   最後に

　心理的安全性は組織の中に一朝一夕にできるものではありませんが、本概念がこれからの正解のない時代の強い組織づくりに必要なキーワードであることは間違いないと思います。

　心理的安全性が高い職場は誰かがつくってくれるものではありません。

　リーダーはもちろんのこと、メンバー一人ひとりの行動（それが発言しないということであれ）が、その場の空気に影響を与えているということを踏まえたうえで、自らが"自分でつくる必要がある"という意識をもって、正しい認識のもとに、組織づくりを進めていただけると幸いです。

侃々諤々議論できるチーム・組織

■ 著者紹介

(一社)チーム力開発研究所　理事

あお　しま　み　か
青 島 未 佳

九州大学大学院人間環境学研究院／学術共同研究員。慶應義塾大学環境情報学部卒業、早稲田大学社会科
学研究科修士課程修了。日本電信電話㈱に入社後、複数のコンサルティングファーム、九州大学TLOを経て
2019年より現職。人事制度改革、人事戦略など組織・人事領域全般のマネジメントコンサルティングを手掛
けるとともに、チームワーク研究を主軸とした共同研究、講演などを実施。主な著書に、『リーダーのための
心理的安全性ガイドブック』(労務行政)がある。

参考図書

- 青島未佳『リーダーのための心理的安全性ガイドブック』労務行政、2021年
- エイミー・C・エドモンドソン著、野津智子訳『チームが機能するとはどういうことか』英治出版、2014年
- ジョージ・コーリーザー、スーザン・ゴールズワージー、ダンカン・クーム著、東方雅美訳
  『セキュアベース・リーダーシップ―〈思いやり〉と〈挑戦〉で限界を超えさせる』プレジデント社、2018年

強いチームをつくる！キーワードは「心理的安全性」

令和5年4月27日　第1版第1刷発行
令和6年1月25日　　　　　第2刷発行

著　　者｜青島　未佳
編　　者｜中央労働災害防止協会
発 行 者｜平山　剛
発 行 所｜中央労働災害防止協会
　　　　　〒108−0023 東京都港区芝浦3丁目17番12号　吾妻ビル9階
　　　　　電話〈販売〉　03(3452)6401
　　　　　　　〈編集〉　03(3452)6209
　　　　　ホームページ　https:// www.jisha.or.jp
印 刷 所｜㈱丸井工文社
デザイン｜島田　寛昭
イラスト｜福場　さおり

乱丁・落丁本はお取り替えします。
ⓒAOSHIMA Mika 2023　21632−0102
定価：275円(本体250円+税10%)
ISBN978-4-8059-2100-5　C3060　¥250E

本書の内容は著作権法によって保護されています。
本書の全部または一部を複写(コピー)、複製、転載すること(電子媒体への加工を含む)を禁じます。

# 多様な働き方時代の
## こころ からだ セルフケア

厚生労働省 テレワークガイドライン 情報機器作業ガイドライン 対応

中央労働災害防止協会

テレワークなどの多様な働き方が「新しい日常生活」の一部となってきています。テレワークとは、「Tele=離れた場所とWork=働くを合わせた造語」で、在宅勤務やサテライトオフィスなど職場以外の場所で働くことです。
そういったテレワークは、働く時間や場所を柔軟に活用することができ、「地域活性化」や「仕事と育児・介護・治療との両立」、「事業継続性の確保（BCP：Business Continuity Plan）」といったメリットが多くあります。
その反面、下図のような課題1)によって、心身の健康を崩すこともあります。

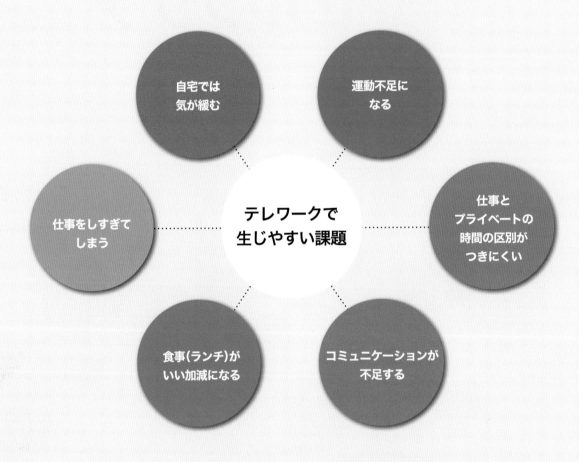

そこで、多様な働き方時代においても「労働衛生の3管理」が大切になります。具体的にどのような点に注意したらよいのか、「テレワークの適切な導入及び実施の推進のためのガイドライン」（令和3年3月25日)2)、「情報機器作業における労働衛生管理のためのガイドライン」（令和元年7月12日)3)の内容を踏まえて紹介します。
こころとからだを健やかに保つことをめざして、チェックリストを活用したり、健康づくりの具体的な行動を進めましょう。